RÉPUBLIQUE FRANÇAISE

VILLE DE MONTMORENCY

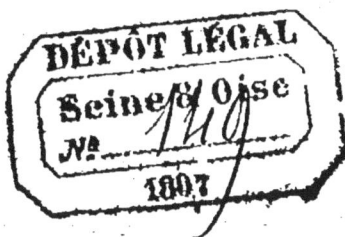

ÉTAT DE RECONNAISSANCE

DES

CHEMINS RURAUX

L. GAUBERT

IMPRIMERIE DE MONTMORENCY

Place du Marché.

—

1897

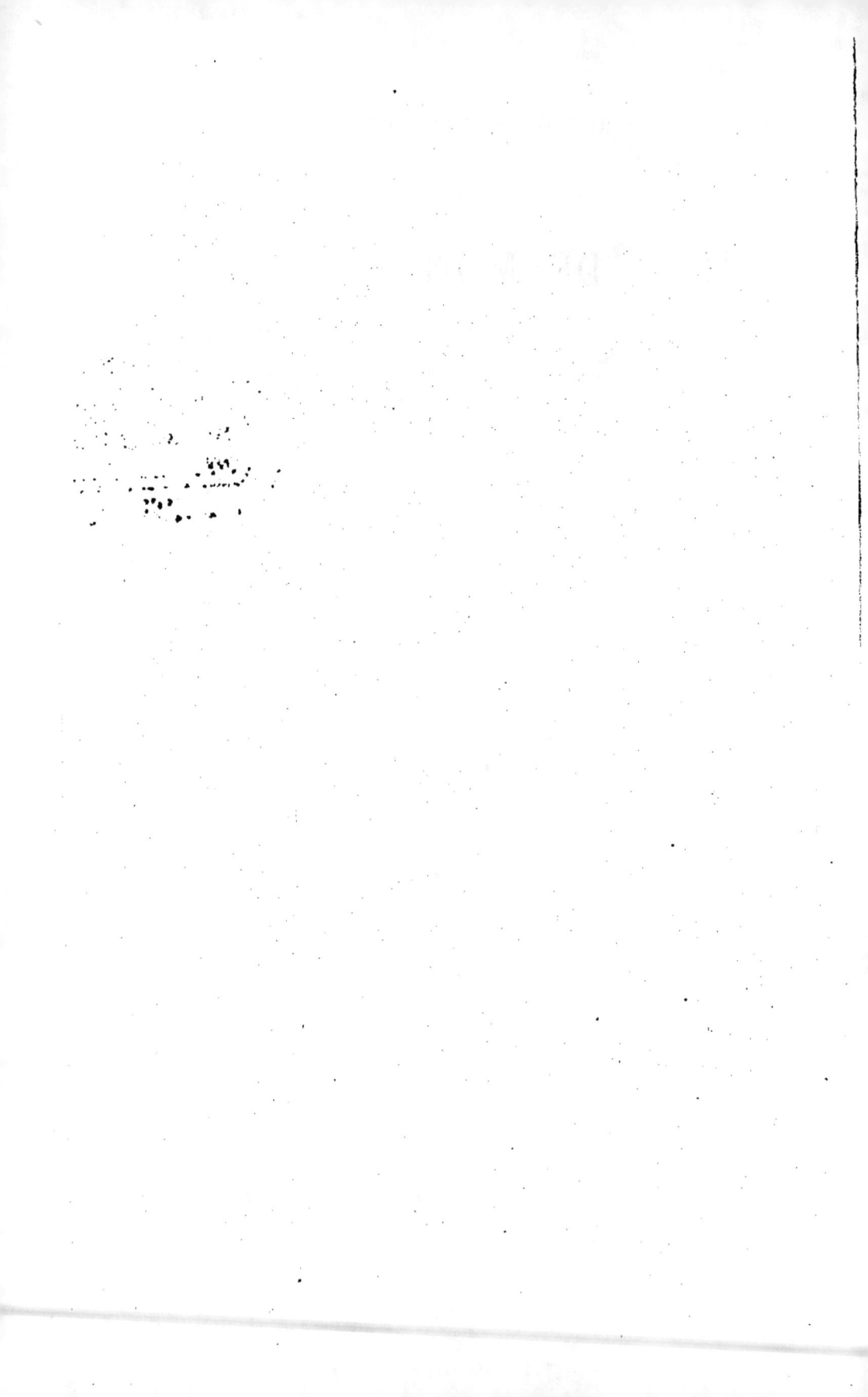

NOTA

Les alignements pour l'établissement de clôtures ou de constructions le long des chemins de 1^m à 2^m de largeur seront tracés parallèlement à l'axe de ces chemins et à 1^m 25 de cet axe. — Ceux concernant les chemins de 3^m à 5^m seront tracés parallèlement à l'axe et à 2^m 50 de distance.

RÉPUBLIQUE FRANÇAISE

VILLE DE MONTMORENCY

ÉTAT DE RECONNAISSANCE

DES

CHEMINS RURAUX

L. GAUBERT

IMPRIMERIE DE MONTMORENCY

Place du Marché.

—

1897

Nº D'ORDRE	NOM sous lequel le chemin est communément désigné.	LONGUEUR en mètres sur le territoire de la Commune.	LARGEUR moyenne actuelle en mètres de chaque section du chemin.
1	2	3	4
1	Chemin des Cornouillers.	497	1.00 7.00 4 50
2	Sente de la Fontaine St-Paul.	106	1.80 1.00
3	Sente des Quatre-Sols ou des Quatre-Sous.	279	2.00 1.50
4	Sente des Carrières St-Paul.	242	1.00

DÉSIGNATION du point où il commence, du lieu vers lequel il tend, des lieux qu'il traverse, tels que hameaux, ruisseaux guéables, ponts, etc., et du lieu où il se termine.	OBSERVATIONS
5	6
Commence au chemin de grande communication n° 144, près la fontaine Renée, au droit de la propriété n° 285 de la section G, du cadastre, se dirige sensiblement de l'est à l'ouest, laisse à droite la sente des Quatre-Sous, puis à gauche, la sente de la fontaine Saint-Paul, s'infléchit ensuite vers le sud-ouest et aboutit au chemin de grande communication n° 144, dans la traverse du hameau Saint-Paul, entre les parcelles n°s 176 et 193 de la section G, du cadastre. DÉTAILS : Sur 81 mètres à partir de l'origine. Sur 24 mètres à la suite, à cause de constructions mises à l'alignement. Sur le surplus du parcours, c'est-à-dire sur 389 mètres. Total des longueurs : 497 mètres.	Le chemin possède un plan d'alignement approuvé le 11 Février 1896, qui fixe sa largeur à 7 mètres uniformément.
Commence au chemin de grande communication n° 144, entre les parcelles n°s 147 et 220, de la section G, se dirige du sud-sud-est au nord-nord-ouest et se termine au chemin des Cornouillers, rural n° 1. DÉTAILS : Sur 50 mètres de longueur à partir de l'origine. Sur le surplus du parcours, c'est-à-dire sur 56 mètres. Total des longueurs : 106 mètres.	
Commence au chemin des Cornouillers, entre les parcelles n°s 316 et 318 de la section G, se dirige vers le nord, à 42 mètres de son origine, s'infléchit vers le nord-ouest et ensuite vers l'ouest, pour se terminer sur la sente des Alloyaux entre les parcelles n°s 356 et 357 de la section G. DÉTAILS : Sur 42 mètres de longueur à partir de l'origine. Sur le surplus du parcours, c'est-à-dire sur 237 mètres. Total des longueurs : 279 mètres.	
Vient du territoire de Soisy, par la carrière à plâtre de Saint-Paul, contourne plusieurs mamelons de terre argileuse, s'incline vers le chemin des Cornouillers, puis se retourne d'équerre dans la direction du Châtaignier brûlé, reçoit à sa droite, la sente des Alloyaux, mitoyenne avec Soisy, et entre ensuite complètement sur le territoire de cette dernière commune pour suivre constamment le pourtour des carrières à plâtre.	

N⁰ˢ D'ORDRE	NOM sous lequel le chemin est communément désigné.	LONGUEUR en mètres sur le territoire de la Commune.	LARGEUR moyenne actuelle en mètres de chaque section du chemin.
1	2	3	4
5	Sente des Alloyaux.	164	1.00 1.00
6	Sente des Cornouillers.	67	1.50
7	Sente des Brûlés ou chemin du Châtaignier-Brûlé.	189	5.00 3.00 1.50
8	Ancien chemin d'Andilly.	226	7.00
9	Ruelle Bourdonné ou chemin des Laitières.	122	Voir page suivante.

DÉSIGNATION du point où il commence, du lieu vers lequel il tend, des lieux qu'il traverse, tels que hameaux, ruisseaux guéables, ponts, etc., et du lieu où il se termine.	OBSERVATIONS
5	6
Commence au précédent, au n° 356 de la section G, se dirige vers le nord-est puis, après avoir reçu la sente des Quatre-Sous, remonte vers le nord-nord-ouest et ensuite vers le nord-nord-est et se termine entre les parcelles nos 509 et 510 de la section G, après avoir brusquement tourné à droite, à l'angle nord-ouest de la parcelle n° 509 et l'avoir longée sur 19 mètres de longueur. DÉTAILS : Sur 145 mètres, mitoyenne avec Soisy. Sur 19 mètres à la suite. Total des longueurs : 164 mètres.	Demi-largeur.
Commence au chemin des Cornouillers, rural n° 1, entre les parcelles nos 338 et 217 de la section G, se dirige du sud-est au nord-ouest et aboutit à la sente des Carrières St-Paul, n° 4, entre les parcelles nos 208 et 349 de la section G.	
Commence au chemin vicinal ordinaire n° 6, au boulevard d'Andilly, entre les parcelles nos 495, et et 391, de la section G, se dirige vers l'ouest, tourne et remonte vers le nord-ouest, pour passer sur le territoire de Soisy, en se dirigeant vers le nord. DÉTAILS : Sur 152 mètres de longueur à partir de l'origine. Sur 30 mètres de longueur à la suite. Sur 7 mètres de longueur à la suite, mitoyenne avec Soisy. Total des longueurs : 189 mètres.	Demi-largeur.
Commence au boulevard d'Andilly, chemin vicinal ordinaire n° 6, entre les propriétés nos 492 et 452 de la section G, se dirige d'abord vers le nord, puis vers le nord-ouest et aboutit dans les bois au même boulevard d'Andilly, après avoir laissé à droite l'origine de la ruelle Féron.	Cette largeur est portée à 9 mètres sur un plan d'alignement approuvé le 30 avril 1867.
Commence au boulevard d'Andilly ou chemin vicinal ordinaire n° 6, entre les parcelles nos 522 et 489 de la section G, tend vers Andilly en se dirigeant vers le nord-ouest et passe ensuite entièrement sur le territoire de la commune de Soisy, après avoir été	

Nº D'ORDRE	NOM sous lequel le chemin est communément désigné.	LONGUEUR en mètres sur le territoire de la Commune.	LARGEUR moyenne actuelle en mètres de chaque section du chemin.
1	2	3	4
9	Ruelle Bourdonné ou Chemin des Laitières. *(Suite).*	122	8.00 6.00 3.00
10	Ruelle Féron.	299	6.50 4.75 6.00 8.00 8.50 8.50
11	Chemin de Griffart ou du Mont-Griffart.	345	5.00 5.60 7.00 8.00 8.00 10.50 15.00 15.00
12	Chemin des Bois-Briffaults ou des Briffaults.	1237	Voir page suivante.

DÉSIGNATION du point où il commence, du lieu vers lequel il tend, des lieux qu'il traverse, tels que hameaux, ruisseaux guéables, ponts, etc., et du lieu où il se termine. 5	OBSERVATIONS 6
mitoyen entre les deux communes sur une longueur de 45 mètres. DÉTAILS : A l'origine. 77 mètres plus loin. Sur 45 mètres de longueur à la suite, mur mitoyen avec Soisy. Total des longueurs : 122 mètres.	Demi-largeur.
Commence à l'ancien chemin d'Andilly, rural n° 8, entre les parcelles n°s 481 et 525 de la section G, se dirige d'abord vers le nord-est en montant constamment, tourne ensuite vers l'est, tend vers le plateau des Champeaux et y aboutit au chemin des Bois-Briffaults, entre les parcelles n° 470 et 525 de la section G, après avoir constamment longé cette dernière parcelle entièrement boisée. DÉTAILS : A l'origine. 30 mètres plus loin. 25 mètres plus loin. 43 mètres plus loin. 34 mètres plus loin, origine d'un mur à droite. A l'extrémité, 167 mètres plus loin. Total des longueurs : 299 mètres.	
Commence au boulevard d'Andilly ou chemin vicinal ordinaire n° 6, entre les parcelles n°s 195 de la section B, et 434 de la section A, tend vers le plateau des Champeaux en se dirigeant vers le nord et se termine au boulevard des Champeaux. DÉTAILS : A l'origine et sur 160 mètres de longueur à partir de l'origine, entre murs. 43 mètres plus loin. 2 mètres plus loin. 6 mètres plus loin. 13 mètres plus loin. 23 mètres plus loin. 38 mètres plus loin. A l'extrémité, 60 mètres plus loin. Total des longueurs : 345 mètres.	Le chemin est en partie planté de peupliers. Compris fossés. id.
Commence sur le plateau des Champeaux à la jonction du boulevard des Champeaux et du chemin du Mont-Griffart qu'il prolonge, se dirige vers le nord, reçoit à gauche la ruelle Féron, puis après avoir laissé	

N°s D'ORDRE	NOM sous lequel le chemin est communément désigné.	LONGUEUR en mètres sur le territoire de la Commune.	LARGEUR moyenne actuelle en mètres de chaque section du chemin.
1	2	3	4
12	**Chemin des Bois-Briffaults ou des Briffaults.** *(Suite).*	1237	17.00 15.00 13.00 15.00 12.50 10.50 13.00 13.00 12.00 12.00 11.00 7.00 7.00 8.00 11.50 9.60 9.30 9.00 6.00 3.00 2.00
13	**Chemin-Vert.**	241	7.50 9.50 8.00 11.00
14	**Chemin des Hauts-Briffaults.**	77	8.00

DÉSIGNATION du point où il commence, du lieu vers lequel il tend, des lieux qu'il traverse, tels que hameaux, ruisseaux guéables, ponts, etc. et du lieu où il se termine. 5	OBSERVATIONS 6
à gauche le Chemin-Vert et à droite le chemin des Hauts-Briffaults, s'incline vers le nord-ouest, fait coude à droite, puis à gauche, pour reprendre la même direction du nord-ouest et entre ensuite sur le territoire de la commune d'Andilly, après avoir été mitoyen avec cette commune sur une longueur de 225 mètres.	

DÉTAILS :

À l'origine.
41 mètres plus loin.
34 mètres plus loin.
16 mètres plus loin.
24 mètres plus loin.
19 mètres plus loin.
63 mètres plus loin.
53 mètres plus loin.
19 mètres plus loin.
21 mètres plus loin.
43 mètres plus loin.
80 mètres plus loin.
93 mètres plus loin.
29 mètres plus loin.
55 mètres plus loin.
70 mètres plus loin.
27 mètres plus loin.
151 mètres plus loin.
13 mètres plus loin.
161 mètres plus loin, limite d'Andilly à gauche.
225 mètres plus loin, fin de la partie mitoyenne.
Total des longueurs : 1,237 mètres.

Observations : Demi-largeur. id.

Commence au boulevard d'Andilly ou chemin vicinal ordinaire n° 6, entre les parcelles nᵒˢ 74 *bis* de la section A et 523 de la section G, tend vers les Champeaux en suivant la direction du nord-est et aboutit au chemin des Bois-Briffaults, entre les parcelles nᵒˢ 74 de la section A et 525 de la section G.

DÉTAILS :

À l'origine, au chemin vicinal ordinaire n° 6.
111 mètres plus loin.
52 mètres plus loin.
À l'extrémité, 78 mètres plus loin.
Total des longueurs : 241 mètres.

Commence au chemin des Bois-Briffaults n° 12, se dirige vers le nord-est en longeant la parcelle n° 67 de la section A et la parcelle n° 30 de la section B et se termine au chemin de grande communication n° 124.

Nos D'ORDRE	NOM sous lequel le chemin est communément désigné.	LONGUEUR en mètres sur le territoire de la Commune.	LARGEUR moyenne actuelle en mètres de chaque section du chemin.
1	2	3	4
15	Chemin de Montmorency à Domont par la Butte-aux-Pères.	1167	15.50 12.50 8.00 8.00 6.00 7.00 7.00 5.00 5.75 5.00 5.00 6.00 6.00
16	Ruelle de la Chênée ou chemin d'Andilly à St-Brice.	1352	*Voir page suivante.*

DÉSIGNATION du point où il commence, du lieu vers lequel il tend, des lieux qu'il traverse, tels que hameaux, ruisseaux guéables, ponts, etc. et du lieu où il se termine. 5	OBSERVATIONS 6
Commence au chemin de grande communication n° 124 près du fort de Montmorency, entre les parcelles n°s 65 de la section A et 27 de la section B, tend vers Domont dans la direction du nord, laisse à droite le chemin du milieu des Champeaux, à gauche celui d'Andilly à Saint-Brice, puis à droite la seconde section du même chemin, devient ensuite mitoyen avec Saint-Brice sur une longueur de 253 mètres, dessert les lieudits : *la Croix-Vigneron* et *la Serve*, laisse à droite l'origine de l'ancien chemin de la Serve et à gauche le chemin de fer industriel, auquel il est parallèle sur une certaine partie de son parcours, reçoit à gauche la sente d'Andilly à Piscop, qui franchit les talus de ce chemin de fer, et sort du territoire entre les parcelles n° 1 bis et 2 de la section A pour desservir les territoires de Domont et de Piscop qu'il délimite ensuite. En 3 sections : DÉTAILS : *Première section.* A l'origine, au chemin de grande communication, n° 124. 17 mètres plus loin. 137 mètres plus loin. 232 mètres plus loin. 41 mètres plus loin. 53 mètres plus loin. 108 mètres plus loin, devient mitoyen avec Saint-Brice. *Deuxième section.* 94 mètres plus loin, mitoyen avec Saint-Brice. 53 mètres plus loin, mitoyen avec Saint-Brice. 36 mètres plus loin, mitoyen avec Saint-Brice. 70 mètres plus loin, mitoyen avec Saint-Brice, fin de la mitoyenneté. *Troisième section.* 80 mètres plus loin. 246 mètres plus loin, extrémité du chemin. Total des longueurs : 1,167 mètres.	 Demi-largeur. id. id. id. origine de l'ancien chemin de la Serve.
Ce chemin est en deux sections : La première section commence au chemin de grande communication n° 124 entre les parcelles n°s 20 et 35 de la section A, se dirige vers l'est-est-sud et se termine sur le chemin de Domont à Montmorency par la Butte-aux-Pères, n° 15, entre les parcelles 6 et 47 de la section A du cadastre.	

N° D'ORDRE	NOM sous lequel le chemin est communément désigné.	LONGUEUR en mètres sur le territoire de la Commune.	LARGEUR moyenne actuelle en mètres de chaque section du chemin.
I	2	3	4
16	Ruelle de la Chênée ou chemin d'Andilly à St-Brice. *(Suite).*	1352	4.50 4.50 4.00 4.00 5.50 4.50 5.00 5.00 4.00 4.50 5.00 5.00 5.00 5.00 5.00 7.00
17	Sentier de la Serve.	694	2.00 1.50
18	Sentier d'Andilly à Piscop.	422	1.00

DÉSIGNATION du point où il commence, du lieu vers lequel il tend, des lieux qu'il traverse, tels que hameaux, ruisseaux guéables, ponts, etc., et du lieu où il se termine.	OBSERVATIONS
5	6

La seconde section commence au chemin de la Butte-aux-Pères, au n° 1 de la section B du cadastre, se dirige vers l'est-est-sud est, constamment mitoyenne avec Saint-Brice et aboutit au chemin de Montmorency à Piscop par le bois, à la parcelle n° 94 de la section B.

DÉTAILS :

Première partie.

À l'origine.
180 mètres plus loin.
45 mètres plus loin.
15 mètres plus loin.
70 mètres plus loin.
À l'extrémité, c'est-à-dire 139 mètres plus loin.

Deuxième partie, mitoyenne avec St-Brice.

À l'origine, au chemin de la Butte-aux-Pères.   Demi-largeur.
98 mètres plus loin.   id.
30 mètres plus loin.   id.
210 mètres plus loin.   id.
50 mètres plus loin.   id.
39 mètres plus loin.   id.
121 mètres plus loin.   id.
130 mètres plus loin.   id.
122 mètres plus loin.   id.
103 mètres plus loin, extrémité du chemin.   id.

Total des longueurs : 1,352 mètres.

Commence au précédent, près de sa jonction avec le chemin de grande communication n° 124, se dirige vers le nord, laisse à gauche et à droite la sente d'Andilly à Piscop, dessert les bois de la Serve, puis devient mitoyen avec la commune de Domont sur une longueur de 192 mètres et passe ensuite entièrement sur le territoire de cette commune.

DÉTAILS :

Sur 502 mètres, à partir de l'origine.
Sur 192 mètres à la suite, mitoyen avec Domont.   Demi-largeur.

Total des longueurs : 694 mètres.

Commence au sentier de la Serve n° 17, se dirige en ligne droite vers le nord-est et aboutit au chemin de Montmorency à Domont par la Butte-aux-Pères, n° 15, en franchissant les talus de l'ancien chemin de fer industriel.

N^{os} D'ORDRE	NOM sous lequel le chemin est communément désigné.	LONGUEUR en mètres sur le territoire de la Commune.	LARGEUR moyenne actuelle en mètres de chaque section du chemin.
1	2	3	4
19	Ancien chemin de la Serve.	260	1.00
20	Sentier du Fond-de-la-Serve.	112	1.00
21	Chemin de la Patte-d'Oie.	93	3.00
22	Chemin de Néfrot ou ancienne route de chasse allant au Fond-des-Aulnes.	280	1.00
23	Boulevard des Champeaux.	153	15.00 16.00
24	Chemin des Champeaux à Groslay.	1012	Voir page suivante.

DÉSIGNATION du point où il commence, du lieu vers lequel il tend, des lieux qu'il traverse, tels que hameaux, ruisseaux guéables, ponts, etc., et du lieu où il se termine. 5	OBSERVATIONS 6
Commence au chemin de Domont à Montmorency, par la Butte-aux-Pères, nº 15, est mitoyen avec Saint-Brice sur tout son parcours et se termine en un point qui se trouve à la jonction des limites des territoires de Montmorency, de Saint-Brice, de Piscop, après avoir longé la parcelle nº 2 de la section A et avoir laissé à gauche le sentier du fond de la Serve. Ce chemin passe sur le ruisseau du fond des Aulnes.	Demi-largeur, à cause de la mitoyenneté avec Saint-Brice.
Relie le chemin qui précède au chemin de Montmorency à Domont par la Butte-aux-Pères, nº 15, en séparant les parcelles nos 2 et 3 de la section A.	
Commence au chemin de Montmorency, à Domont par la Butte-aux-Pères, nº 15, traverse la parcelle nº 2 de la section A et se termine à sa jonction avec l'ancien chemin de la Serve, nº 19.	
Commence au sentier d'Andilly à Piscop à l'endroit où ce chemin gravit le talus de l'ancien chemin de fer industriel au pied du talus, parcelle nº 4 de la section A, se dirige vers le nord-ouest et passe sur le territoire de Domont, dans lequel il se perd.	
Commence à l'extrémité du chemin du Mont-Griffart, se dirige vers l'est, pour aboutir au chemin de grande communication nº 124 entre les parcelles nos 33 et 160 de la section B, en face la pointe de la place d'Armes. DÉTAILS : A l'origine. A l'extrémité, 153 mètres plus loin.	Voie en terre, plantée de peupliers.
Commence au chemin d'accès au fort de Montmorency, à l'extrémité est de la place d'Armes, se dirige vers l'est en laissant à gauche le chemin neuf des Champeaux et le chemin de Montmorency à Piscop par les bois et à droite le chemin de la Mare, côtoie la mare des Champeaux, s'incline ensuite vers le	Ce chemin est planté de peupliers sur le plateau.

No D'ORDRE	NOM sous lequel le chemin est communément désigné.	LONGUEUR en mètres sur le territoire de la Commune.	LARGEUR moyenne actuelle en mètres de chaque section du chemin.
I	2	3	4
24	Chemin des Champeaux à Groslay *(Suite).*	1012	15.50 14.00 13.00 15.00 5.50 3.00 3.00
25	Chemin de Montmorency à Piscop par les bois, ou chemin de Mare à la Marlière.	615	16.00 10.20 7.60 6.50 8.00 4.00 3.50 4.50 5.50 7.50

DÉSIGNATION du point où il commence, du lieu vers lequel il tend, des lieux qu'il traverse, tels que hameaux, ruisseaux guéables, ponts, etc. et du lieu où il se termine. 5	OBSERVATIONS 6
sud-est et se redresse vers l'est, devient alors mitoyen avec Saint-Brice, est coupé par le chemin vicinal ordinaire n° 8 de Montmorency à Piscop et se termine au chemin vicinal ordinaire n° 5 de Montmorency à Saint-Brice, à la parcelle n° 1 de la section C.	Les largeurs sont indiquées compris fossés.

DÉTAILS :

Première section.

De l'origine à un point situé 532 mètres plus loin.
5 mètres plus loin.
59 mètres plus loin.
11 mètres plus loin, origine de la mitoyenneté avec Saint-Brice.

Deuxième section.

67 mètres plus loin, mitoyen avec Saint-Brice.
3 mètres plus loin, mitoyen avec Saint-Brice.
335 mètres plus loin, extrémité du chemin.

Total des longueurs : 1,012 mètres.

	Demi-largeur. id. id.

Commence au chemin des Champeaux à Groslay n° 24, près de la mare des Champeaux, entre les parcelles n°s 126 et 128 de la section B, se dirige vers le nord, reçoit à gauche le chemin neuf des Champeaux, devient ensuite mitoyen avec Saint-Brice, s'incline vers le nord-est et se relève vers le nord, pour se terminer au chemin de la Chénée, d'Andilly à Saint-Brice, n° 16, après avoir longé la parcelle n° 94 de la section B.	Ce chemin est planté de peupliers entre le chemin des Champeaux à Groslay et le chemin neuf des Champeaux.

DÉTAILS :

Première section.

De l'origine à un point situé 231 mètres plus loin.
18 mètres plus loin.
10 mètres plus loin.
61 mètres plus loin.
39 mètres plus loin, origine de la mitoyenneté avec Saint-Brice.

Deuxième section.

58 mètres plus loin, mitoyen avec Saint-Brice.
63 mètres plus loin, mitoyen avec Saint-Brice.
27 mètres plus loin, mitoyen avec Saint-Brice.
56 mètres plus loin, mitoyen avec Saint-Brice.
32 mètres plus loin, mitoyen avec Saint-Brice, extrémité du chemin.

Total des longueurs : 615 mètres.

	Les largeurs sont indiquées compris fossés.
	Demi-largeur. id. id. id. id.

N° D'ORDRE	NOM sous lequel le chemin est communément désigné.	LONGUEUR en mètres sur le territoire de la Commune.	LARGEUR moyenne actuelle en mètres de chaque section du chemin.
1	2	3	4
26	Chemin neuf des Champeaux.	330	13.50 15.50
27	Chemin de la Mare des Champeaux.	374	7.00 4.50 10.50 8.50 6.50 8.50 8.50 12.00
28	Chemin vieux des Champeaux. ou Chemin du Milieu.	310	4.00 6.50 4.00 4.00

DÉSIGNATION du point où il commence, du lieu vers lequel il tend, des lieux qu'il traverse, tels que hameaux, ruisseaux guéables, ponts, etc. et du lieu où il se termine. 5	OBSERVATIONS 6
Commence au chemin des Champeaux à Groslay, entre les deux parties de la parcelle n° 40 de la section B, se dirige vers le nord-est, fait un petit coude en son milieu pour incliner sa direction davantage vers l'est et se termine au chemin de Piscop à Montmorency par les bois, n° 25, entre les parcelles nos 111 et 112 de la section B. DÉTAILS : De l'origine à un point situé 181 mètres au-delà. De ce point à l'extrémité, 149 mètres plus loin. Total des longueurs : 330 mètres.	Ce chemin est planté de peupliers. Les largeurs sont indiquées compris fossés.
Commence à la rue de Domont à l'endroit où cette rue fait place avec le chemin de grande communication n° 124, se dirige vers le nord-est, reçoit à droite la sente des Gremillets et aboutit au chemin des Champeaux à Groslay, n° 24, en face la mare des Champeaux. DÉTAILS : De l'origine à un point situé 120 mètres plus loin. De ce point à un autre situé 22 mètres plus loin. 58 mètres plus loin. 10 mètres plus loin. 30 mètres plus loin. 40 mètres plus loin. 55 mètres plus loin. 39 mètres plus loin, extrémité du chemin. Total des longueurs : 374 mètres.	
Commence à la rue de Domont à l'endroit où cette rue se réunit au chemin de grande communication n° 124 entre les parcelles nos 298 bis et 397 de la section B, se dirige vers le nord-est présente un coude à droite, puis un à gauche, fait retour d'équerre au milieu de son parcours et par un nouveau changement de direction vers la droite, tend vers le nord-est pour aboutir au chemin des Champeaux à Groslay, n° 24, entre les parcelles nos 296 et 407 de la section B. DÉTAILS : De l'origine à 44 mètres plus loin. 16 mètres plus loin. 2 mètres plus loin. 248 mètres plus loin, extrémité du chemin. Total des longueurs : 310 mètres.	Ce chemin contourne une carrière à sable.

N° D'ORDRE	NOM sous lequel le chemin est communément désigné.	LONGUEUR en mètres sur le territoire de la Commune.	LARGEUR moyenne actuelle en mètres de chaque section du chemin.
I	2	3	4
29	Ruelle Bastienne.	204	5.00 4.00 6.00 6.00 4.50 5.50 5.00
30	Ruelle Tourcuir.	163	3.70 3.00 3.00 8.00
31	Sente des Gremillets.	201	5.50 3.00 3.00 2.50 2.50 2.00

DÉSIGNATION du point où il commence, du lieu vers lequel il tend, des lieux qu'il traverse, tels que hameaux, ruisseaux guéables, ponts, etc., et du lieu où il se termine. 5	OBSERVATIONS 6
Commence au bas du boulevard de l'Ermitage, près de la jonction de ce chemin avec la rue Grétry, se dirige vers le nord-ouest et se redresse ensuite vers le nord pour se terminer à la ruelle Tourcuir et à la sente des Gremillets entre les parcelles n°s 498 de la section B et 1 de la section D. DÉTAILS : A l'origine, entre murs. 45 mètres plus loin. 2 mètres plus loin. 35 mètres plus loin. 28 mètres plus loin. 22 mètres plus loin. 72 mètres plus loin, extrémité de la ruelle. Total des longueurs : 204 mètres.	
Commence à la rue de Domont, 3 mètres plus bas que le chemin de la mare, n° 28, entre les parcelles n° 1 de la section D, et 358 de la section B, se dirige vers le sud-est et aboutit à l'extrémité de la ruelle Bastienne n° 29, entre les parcelles n°s 1 de la section D, et 371 de la section B. DÉTAILS : A l'origine. 10 mètres plus loin. 147 mètres plus loin. 6 mètres plus loin, extrémité de la sente. Total des longueurs : 163 mètres.	Raccordement.
Commence au point de jonction des deux ruelles dont les noms précèdent, (ruelle Bastienne et ruelle Tourcuir), se dirige vers le nord, fait un petit coude à gauche, reprend la direction du nord et se termine au chemin de la mare des Champeaux, n° 27, entre les parcelles n° 413 et 438 de la section B. DÉTAILS : A l'origine, à cause du raccordement. 12 mètres plus loin. 69 mètres plus loin. 27 mètres plus loin. 48 mètres plus loin. 45 mètres plus loin, extrémité de la sente. Total des longueurs : 201 mètres.	

N°. D'ORDRE	NOM sous lequel le chemin est communément désigné.	LONGUEUR en mètres sur le territoire de la Commune.	LARGEUR moyenne actuelle en mètres de chaque section du chemin.
1	2	3	4
32	Sente de la Châtaigneraie.	490	1.50 2.00
33	Chemin de l'Ermitage à Groslay ou de l'Ermitage.	140	6.40 6.00 5.00 6.00
34	Chemin des Montries.	370	3.50 3.40 3.30 3.00 3.00

DÉSIGNATION du point où il commence, du lieu vers lequel il tend, des lieux qu'il traverse, tels que hameaux, ruisseaux guéables, ponts, etc., et du lieu où il se termine. 5	OBSERVATIONS 6
Commence à la sente des Gremillets entre les n°s 425 et 498 de la section B, se dirige vers l'est, fait plusieurs coudes en longeant la châtaigneraie de l'Ermitage et se termine, en se redressant vers le nord-est, au chemin des Champeaux à Groslay, entre les parcelles n°s 448 et 610 de la section B. DÉTAILS : Sur 19 mètres, à partir de l'origine. Sur le surplus du parcours, 471 mètres. Total des longueurs : 490 mètres.	
Commence à l'extrémité de la rue Grétry, à l'endroit où le chemin des Montries n° 34 a son origine entre les parcelles n°s 76 et 215 de la section C, se dirige vers l'est et aboutit à la sente du Savat qu'il traverse pour se continuer sur le territoire de Groslay, entre les parcelles n°s 62 et 463 de la section C. DÉTAILS : A l'origine. 40 mètres plus loin. 26 mètres plus loin, fin d'un mur à gauche. A l'extrémité, 74 mètres plus loin. Total des longueurs : 140 mètres.	
Commence à l'extrémité de la rue Grétry et à l'origine du précédent, se dirige vers le sud, donne naissance à gauche à la sente des Montries, puis après avoir reçu à droite le sentier des Haras allant au Savat, tourne vers le sud-est et se termine à la ruelle des Prés, entre les parcelles n°s 421 et 422 de la section C. DÉTAILS : A l'origine, rue Grétry. 40 mètres plus loin. 38 mètres plus loin. 37 mètres plus loin. A l'extrémité, 255 mètres plus loin, se raccordant avec la ruelle des Prés, au ru des Haras. Total des longueurs : 370 mètres.	Entre clôtures. id. id.

N^{os} D'ORDRE	NOM sous lequel le chemin est communément désigné.	LONGUEUR en mètres sur le territoire de la Commune.	LARGEUR moyenne actuelle en mètres de chaque section du chemin.
1	2	3	4
35	Ruelle du Savat.	137	4.30 4.00 4.00
36	Sente du Savat ou chemin de la Fontaine du Savat.	423	0.50
37	Ruelle des Prés.	138	2.00 2.00 3.50
38	Chemin des Haras.	346	Voir page suivante.

DÉSIGNATION du point où il commence, du lieu vers lequel il tend, des lieux qu'il traverse, tels que hameaux, ruisseaux guéables, ponts, etc., et du lieu où il se termine.	OBSERVATIONS
5	6

Mitoyenne avec Saint-Brice, commence au chemin vicinal ordinaire n° 5, de Montmorency à Saint-Brice, entre la parcelle n° 2 de la section C, et le territoire de Saint-Brice, se dirige vers le sud-est, donne naissance à droite à la sente du Savat et s'y arrête, en ce qui concerne le territoire de Montmorency, à la parcelle n° 34 de la section C. DÉTAILS : A l'origine. 60 mètres plus loin, fin d'un mur à droite. 77 mètres plus loin, extrémité du chemin. Total des longueurs : 137 mètres.	 Demi-largeur. id. id.
Commence au chemin n° 25 entre la parcelle n° 34 de la section C et le territoire de Groslay, se dirige vers le midi, coupe le chemin de l'Ermitage à Groslay, n° 33, reçoit à droite la sente des Montries passe près de la fontaine du Savat et se termine à la ruelle des Prés, près du ru des Haras, entre le n° 658, de la section C, et le territoire de Groslay. Cette sente est mitoyenne avec la commune de Groslay sur tout son parcours.	Demi-largeur.
Vient de Groslay, commence à l'extrémité de la sente du Savat, se dirige vers l'ouest, se retourne d'équerre pour franchir le ru des Haras et se diriger vers le midi, et se termine au chemin vicinal ordinaire n° 9, des Gallerands, entre la parcelle n° 715 de la section C, et le territoire de Groslay, mitoyenne avec Groslay. DÉTAILS : A l'origine, au chemin rural, n° 37. 106 mètres plus loin. A l'extrémité, au chemin n° 9, c'est-à-dire 32 mètres plus loin. Total des longueurs : 138 mètres.	 Demi-largeur. id. id.
Commence à la rue Grétry, entre les parcelles n°s 183 et 188 de la section C, se dirige vers le midi, laisse à gauche le sentier des Haras allant au Savat, franchit le ru des Haras à l'aide d'un ponceau en maçonnerie, reçoit à gauche la sente des Haras, puis à droite la sente de la fontaine des Haras, passe à	

N° D'ORDRE	NOM sous lequel le chemin est communément désigné.	LONGUEUR en mètres sur le territoire de la Commune.	LARGEUR moyenne actuelle en mètres de chaque section du chemin.
1	2	3	4
38	Chemin des Haras. *(Suite).*	346	1.80 1.50 1.80 et 2.50 3.00 2.50 3.00 3.00
39	Sente des Haras.	478	1.00
40	Sente de la Fontaine-des-Haras.	221	3.50 3.00 2.00 2.00
41	Sentier des Haras allant au Savat.	397	Voir page suivante.

DÉSIGNATION du point où il commence, du lieu vers lequel il tend, des lieux qu'il traverse, tels que hameaux, ruisseaux guéables, ponts, etc., et du lieu où il se termine. 5	OBSERVATIONS 6
côté du lavoir et de la fontaine des Haras et se termine au chemin vicinal ordinaire n° 9, de Montmorency à Groslay ou des Gallerands, entre les parcelles n°s 877 et 1021 de la section C. DÉTAILS : A l'origine et sur 46 mètres de longueur, à partir de l'origi... 20 mètres plus loin, entre clôtures. 4 mètres plus loin, entre clôtures. 59 mètres plus loin, entre clôtures. 121 mètres plus loin, entre clôtures. 21 mètres plus loin. A l'extrémité, c'est-à-dire 75 mètres plus loin. Total des longueurs : 346 mètres.	
Commence au chemin des Haras, n° 38, dans la parcelle n° 878 de la section C, qu'il traverse, se dirige vers l'est-sud-est, en étant sensiblement parallèle au ru des Haras et aboutit à la ruelle des Prés, n° 37, entre les parcelles n°s 716 et 717 de la section C.	
Commence au chemin vicinal ordinaire n° 9, de Montmorency à Groslay, entre les n°s 1026 et 1025 de la section C, se dirige vers le nord-est, puis accentue sa direction vers l'est, fait retour vers le sud-est et se termine au chemin des Haras, près du lavoir, dans la parcelle communale n° 1004 de la section C. DÉTAILS : A l'origine, au chemin vicinal ordinaire n° 9. 80 mètres plus loin. 47 mètres plus loin. A l'extrémité, c'est-à-dire 94 mètres plus loin. Total des longueurs : 221 mètres.	
Commence au chemin des Haras n° 38, entre les parcelles n°s 961-999, section C, se dirige vers l'est-sud-est, puis à hauteur du petit bois du Savat, tourne vers le midi, pour se redresser suivant sa direction primitive et aboutit au chemin des Montries, rural n° 34, entre les parcelles n°s 382 et 338 de la même section.	

N.º D'ORDRE	NOM sous lequel le chemin est communément désigné.	LONGUEUR en mètres sur le territoire de la Commune.	LARGEUR moyenne actuelle en mètres de chaque section du chemin.
1	2	3	4
41	Sentier des Haras allant au Savat. *(Suite).*	397	2.50 1.50 1.00 1.00 1.00 1.00 2.00
42	Sentier des Montries.	169	1.00
43	Petite sente du Savat.	86	1.00 2.00
44	Impasse des Haras.	90	1.00

DÉSIGNATION du point où il commence, du lieu vers lequel il tend, des lieux qu'il traverse, tels que hameaux, ruisseaux guéables, ponts, etc., et du lieu où il se termine. 5	OBSERVATIONS 6
Ce chemin a un embranchement qui prend naissance au petit bois du Savat. Cet embranchement monte vers le nord, tourne à droite vers l'est, en longeant les murs de la propriété de l'Ermitage et se termine au chemin des Montries, rural n° 34, entre la propriété de l'Ermitage et la parcelle n° 338 de la même section. DÉTAILS : Ligne principale : à l'origine et sur 75 mètres de longueur à la suite. 15 mètres plus loin. 25 mètres plus loin. 102 mètres plus loin, origine de l'embranchement. 86 mètres plus loin, fin de la ligne principale. Longueur de la ligne principale : 303 mètres. Embranchement. — À l'origine et sur 40 mètres de longueur à la suite. Sur 54 mètres de longueur à la suite, fin de l'embranchement. Longueur de l'embranchement : 94 mètres. Report de la longueur de la ligne principale : 303 mètres. Total des longueurs : 397 mètres.	
Commence au chemin des Montries, rural n° 34, entre les parcelles n°s 250 et 272 de la section C, se dirige vers l'est et aboutit à la sente du Savat, rurale n° 36, entre les parcelles n°s 438 et 458 de la section C.	
Commence à la sente du Savat, n° 36, près de la fontaine du même nom, parcelle n° 647, section C, et se termine à l'angle de la ruelle des Prés, entre les parcelles n°s 422 et 656 de la même section. DÉTAILS : Sur 42 mètres de longueur, à partir de la fontaine, origine du chemin. Sur 44 mètres à la suite, conduisant à l'extrémité du chemin. Total des longueurs : 86 mètres.	
Commence au chemin des Haras, n° 38, entre les parcelles n°s 962 et 997, section C, se dirige vers l'ouest, présente deux retours d'équerre très rapprochés et se termine en impasse à la parcelle n° 973.	

Nᵒˢ D'ORDRE	NOM sous lequel le chemin est communément désigné.	LONGUEUR en mètres sur le territoire de la Commune.	LARGEUR moyenne actuelle en mètres de chaque section du chemin.
I	2	3	4
45	Sente des Rougemonts.	120	1.00
46	Ruelle aux Loups.	82	1.00
47	Sente des Clos-Gaillards.	244	1.00
48	Ruelle des Clos-Gaillards.	490	1.00 0.50

DÉSIGNATION du point où il commence, du lieu vers lequel il tend, des lieux qu'il traverse, tels que hameaux, ruisseaux guéables, ponts, etc., et du lieu où il se termine. 5	OBSERVATIONS 6
Commence au chemin des Champeaux à Groslay, nᵒ 24, entre les parcelles nᵒˢ 129 et 157, section B, contourne cette dernière parcelle en se dirigeant d'abord vers le nord, puis vers l'est et sort ensuite du territoire pour entrer sur celui de Saint-Brice, dans lequel elle se continue.	
Commence au chemin vicinal ordinaire nᵒ 9, de Montmorency à Groslay, entre la parcelle nᵒ 1339 de la section C et Groslay, se dirige vers le midi et se termine à la ruelle des Clos-Gaillards, entre la parcelle nᵒ 1342, de la même section de Groslay. Cette voie est mitoyenne avec Groslay.	Demi-largeur.
Commence à la ruelle des Blots, rurale nᵒ 50, entre les parcelles nᵒˢ 1194 et 1195, de la section C, se dirige vers le nord-nord-est, tourne vers l'est, puis se redresse vers le nord pour aboutir au chemin vicinal ordinaire nᵒ 9, entre les parcelles nᵒˢ 1171 et 1172 de la même section.	
En deux sections : La première section formant impasse commence entre les numéros 1100 et 1149, de la section C, se dirige vers le sud-est et aboutit à la sente des Clos-Gaillards, nᵒ 47, entre les parcelles nᵒˢ 1158 et 1194 de la même section. La deuxième section commence à la sente des Clos-Gaillards, rurale nᵒ 47, entre les nᵒˢ 1180 et 1181 de la section C, se dirige vers l'est, puis après avoir reçu à gauche la ruelle aux Loups, nᵒ 46, devient mitoyenne avec Groslay, fait retour d'équerre, pour se diriger vers le sud en restant mitoyenne avec Groslay et se termine à la ruelle des Blots, entre la parcelle nᵒ 1358 de la section C, et le territoire de Groslay. <div align="center">DÉTAILS :</div>1ᵒ Partie non mitoyenne, 311 mètres. 2ᵒ Partie mitoyenne, 91 mètres. <div align="center">Total des longueurs : 490 mètres.</div>	Demi-largeur.

Nᵒˢ D'ORDRE	NOM sous lequel le chemin est communément désigné.	LONGUEUR en mètres sur le territoire de la Commune.	LARGEUR moyenne actuelle en mètres de chaque section du chemin.
I	2	3	4
49	Sente du Puits-Viez.	237	0.50
50	Ruelle des Blots.	487	3.20 3.10 3.50 3.25 3.00
51	Sentier des Blots.	416	2.60 2.00 1.00 1.00 2.00 1.50

DÉSIGNATION du point où il commence, du lieu vers lequel il tend, des lieux qu'il traverse, tels que hameaux, ruisseaux guéables, ponts, etc. et du lieu où il se termine. 5	OBSERVATIONS 6
Commence à l'extrémité de la précédente, entre la parcelle n° 2056 et Groslay, se dirige vers le midi, reçoit à droite, le sentier des Blots, traverse le chemin vicinal ordinaire n° 3, dit Pavé-Neuf de Groslay, et se termine à la sente de Pampelume entre la parcelle n° 1979 et Groslay. Cette sente est mitoyenne avec Groslay dans toute sa longueur.	Demi-largeur.
Commence au chemin vicinal ordinaire n° 1 ou rue de Paris, entre les parcelles n°s 1086 et 2140 de la section C, se dirige vers l'est et se termine au territoire de Groslay, sur lequel elle se continue entre les parcelles n°s 1358 et 2056 de la même section recevant à gauche la ruelle des Clos-Gaillards, n° 48, et donnant naissance à droite à la sente du Puits-Viez, n° 49. DÉTAILS : A l'origine, entre murs, 35 mètres. 35 mètres plus loin, entre murs. 15 mètres plus loin, entre clôtures. 40 mètres plus loin, entre clôtures. Sur le surplus du parcours, c'est-à-dire sur 397 mètres. Total des longueurs : 487 mètres.	
Commence au chemin vicinal ordinaire n° 3 de Montmorency à Groslay, dit le Pavé-Neuf de Groslay, entre les parcelles 1844 et 1855, de la section C, se dirige d'abord vers le nord, puis à quelques mètres de son origine se retourne d'équerre pour prendre la direction de l'est et se terminer à la sente du Puits-Viez, n° 49, entre les parcelles n°s 1993 et 2059 de la section C. DÉTAILS : A l'origine et sur 45 mètres de longueur, à partir de l'origine. 52 mètres plus loin. 10 mètres plus loin. Sur 257 mètres à la suite. 10 mètres plus loin. A l'extrémité, 42 mètres plus loin. Total des longueurs : 416 mètres.	

N⁰ˢ D'ORDRE	NOM sous lequel le chemin est communément désigné.	LONGUEUR en mètres sur le territoire de la Commune.	LARGEUR moyenne actuelle en mètres de chaque section du chemin.
1	2	3	4
52	Ruelle du Clos-de-Paris.	669	4.50 5.00 3.00 3.00 2.50 2.00
53	Ruelle de la Fontaine-Oreillon.	63	1.50
54	Sentier du Clos-de-Paris.	381	0.50

DÉSIGNATION du point où il commence, du lieu vers lequel il tend, des lieux qu'il traverse, tels que hameaux, ruisseaux guéables, ponts, etc. et du lieu où il se termine. 5	OBSERVATIONS 6
Commence au chemin vicinal ordinaire n° 1, ou rue de Paris, entre les parcelles n°ˢ 1794 et 1827, de la section C, se dirige vers l'est, donne naissance à la sente de Pampelume, puis s'infléchit vers le sud-est, laisse à gauche la ruelle de Pampelume, n° 56, incline sa direction vers le midi, devient mitoyenne avec Deuil en se relevant vers le sud-est après avoir reçu la ruelle des Engoulevents, se rejette encore vers le midi et passe ensuite complètement sur le territoire de Deuil, à côté de la parcelle n° 1253 de la section II, après avoir croisé le chemin de la Fontaine-Oreillon. En deux sections : DÉTAILS : *Première section.* À l'origine et sur 91 mètres de longueur à la suite. 4 mètres plus loin. 4 mètres plus loin. 252 mètres plus loin, origine de la partie mitoyenne avec Deuil. *Deuxième section.* Sur 238 mètres à la suite, mitoyenne avec Deuil. Sur 80 mètres à la suite, mitoyenne avec Deuil. Total des longueurs : 669 mètres.	Demi-largeur. id.
Commence à la ruelle du Clos-de-Paris, n° 52, entre la parcelle n° 1253 de la section II et le territoire de Deuil, se dirige vers l'est en séparant les territoires de Montmorency et de Deuil et se termine au sentier du Clos-de-Paris, n° 54, entre la parcelle n° 1245 de la même section et le territoire de Deuil.	Demi-largeur, seulement, à cause de la mitoyenneté avec Deuil.
Commence à la sente de Pampelume, entre la parcelle n° 1606, de la section C et le territoire de Groslay, se dirige vers le midi, emprunte sur 30 mètres de longueur le parcours de la ruelle de Pampelume, n° 56, reprend à la jonction de cette ruelle avec le chemin de Chasse-Épée, venant de Groslay, conserve constamment la direction du midi en descendant vers Deuil, reçoit à gauche la sente n° 57, puis le petit sentier n° 58 et se termine à la ruelle de la Fontaine-Oreillon, entre la parcelle n° 1245 de la section II et le territoire de Groslay. Le sentier du Clos-de-Paris est mitoyen avec la commune de Groslay sur toute sa longueur.	Demi-largeur.

N°ˢ D'ORDRE	NOM sous lequel le chemin est communément désigné.	LONGUEUR en mètres sur le territoire de la Commune.	LARGEUR moyenne actuelle en mètres de chaque section du chemin.
I	2	3	4
55	Sente de Pampelume.	398	2.00 1.00 1.00 0.50
56	Ruelle de Pampelume.	376	3.20 3.00 3.00 1.50
57	Sente des Basses-Pampelumes.	338	Voir page suivante.

DÉSIGNATION du point où il commence, du lieu vers lequel il tend, des lieux qu'il traverse, tels que hameaux, ruisseaux guéables, ponts, etc., et du lieu où il se termine. 5	OBSERVATIONS 6
Commence à la ruelle du Clos-de-Paris, n° 52, entre les parcelles nos 1863 et 1265, de la section C, se dirige vers l'est, reçoit l'extrémité du sentier du Puits-Viez, n° 49, devient alors mitoyenne avec la commune de Groslay sur une longueur de 27 mètres, se continue ensuite sur cette commune, après avoir donné naissance au sentier du Clos-de-Paris n° 54, parcelle n° 1606 de la section C. DÉTAILS : A l'origine et sur 35 mètres de longueur à la suite. 5 mètres plus loin. Sur le surplus du parcours, non mitoyen, c'est-à-dire sur 331 mètres. Dans la partie mitoyenne avec Groslay, longue de 27 mètres. Total des longueurs : 398 mètres.	Demi-largeur.
Commence à la ruelle du Clos-de-Paris, n° 52, entre les parcelles n° 1666 et 1669, de la section C, se dirige vers l'est, tend vers Groslay, reçoit à gauche le sentier du Clos-de-Paris, n° 54, puis tourne brusquement vers le sud, devient mitoyenne avec Groslay, sur 30 mètres de longueur et passe entièrement sur le territoire de cette commune en se relevant vers l'est et le nord-est, en prenant le nom de chemin de Chasse-Épée. A la limite des territoires, le sentier du Clos-de-Paris se continue vers le midi. DÉTAILS : A l'origine, entre bornes. 60 mètres plus loin. 286 mètres plus loin, origine de la partie mitoyenne. Sur 30 mètres de longueur à la suite, partie mitoyenne. Total des longueurs : 376 mètres.	Demi-largeur.
Commence à la ruelle du Clos-de-Paris, un peu au-dessus de l'extrémité de la ruelle des Engoulevents, se dirige vers l'est en séparant les lieudits le *Clos-de-Paris* et *les Pampelunes*, et aboutit au sentier du Clos-de-Paris, entre les parcelles n° 1089 et 1214 de la section H. Cette sente a un embranchement qui commence sur elle, entre les parcelles nos 1163 et 1155 de la section H. Cet embranchement se dirige vers le nord, puis	

Nᵒˢ D'ORDRE	NOM sous lequel le chemin est communément désigné.	LONGUEUR en mètres sur le territoire de la Commune.	LARGEUR moyenne actuelle en mètres de chaque section du chemin.
1	2	3	4
57	Sente des Basses-Pampelumes. *(Suite).*	338	1.00 1.00
58	Sentier bas du Clos-de-Paris.	57	1.00
59	Ruelle du Pin.	129	3.10
60	Ruelle des Martinets.	200	1.50
61	Ruelle des Engoulevents.	233	2.00 1.75 1.50 1.50

DÉSIGNATION du point où il commence, du lieu vers lequel il tend, des lieux qu'il traverse, tels que hameaux, ruisseaux guéables, ponts, etc., et du lieu où il se termine. 5	OBSERVATIONS 6
18 mètres après son origine s'incline vers l'ouest, pour aboutir à la ruelle du Clos-de-Paris, n° 52, entre les parcelles n°s 1167 et 1168 de la section H. **DÉTAILS :** Longueur de la ligne principale, 267 mètres. Longueur de l'embranchement, 71 mètres. Total des longueurs : 338 mètres.	
Commence à la ruelle du Clos-de-Paris, n° 52, entre les parcelles n°s 1241 et 1253 de la section H, se dirige vers l'est et aboutit au sentier du Clos-de-Paris, entre les parcelles n°s 1244 et 1245 de la même section.	
Commence au chemin vicinal ordinaire n° 1, ou rue de Paris, au sommet du dit chemin, se dirige vers le midi en descendant vers Deuil et passe entièrement sur le territoire de cette commune après avoir reçu à droite la ruelle des Martinets et à gauche celle des Engoulevents. — Le chemin longe la parcelle n° 1794 de la section C et a une largeur uniforme de 3 m. 10.	
Commence au chemin vicinal ordinaire n° 1, ou rue de Paris, entre la parcelle n° 1826 de la section C et le territoire de Deuil, se dirige vers l'est et aboutit à la ruelle du Pin, n° 59, entre la parcelle n° 1795 de la section C et le territoire de Deuil. Ce chemin est mitoyen avec la commune de Deuil sur tout son parcours.	Demi-largeur, non compris les talus en déblai et en remblai.
Continue la précédente en laissant à son origine la parcelle n° 1794 de la section C à sa gauche, se dirige vers l'est en séparant les territoires de Montmorency et de Deuil et se termine à la ruelle du Clos-de-Paris, n° 52, qui la continue entre la parcelle n° 1707 de la section C et le territoire de Deuil. Cette voie est mitoyenne entre les deux communes. **DÉTAILS :** À l'origine. 19 mètres plus loin. 10 mètres plus loin. Sur le surplus du parcours, d'une longueur de 204 mètres. Total des longueurs : 233 mètres.	Les largeurs indiquées ne comprennent pas les talus en déblai et en remblai. Demi-largeur. id. id. id.

N°. D'ORDRE	NOM sous lequel le chemin est communément désigné.	LONGUEUR en mètres sur le territoire de la Commune.	LARGEUR moyenne actuelle en mètres de chaque section du chemin.
1	2	3.	4
62	Chemin de Bellevue ou de la Sablonnière.	206	1.50
63	Sente des Crétins.	240	0.50
64	Sente traversière de Pampelume	72	1.00
65	Petite sente de Pampelume.	50	1.00
66	Ruelle des Sablons.	232	3.00 3.60 2.80 2.60 2.70 2.70

DÉSIGNATION du point où il commence, du lieu vers lequel il tend, des lieux qu'il traverse, tels que hameaux, ruisseaux guéables, ponts, etc., et du lieu où il se termine. 5	OBSERVATIONS 6
Commence au chemin vicinal ordinaire n° 1 ou rue de Paris, se dirige vers le sud-sud-ouest, en laissant à droite à son origine la propriété de Mme veuve Cloard, est mitoyen sur toute sa longueur avec la commune de Deuil et aboutit à la sente des Crétins, entre la parcelle n° 880 de la section D et le territoire de Deuil.	Demi-largeur.
Commence au chemin vicinal ordinaire n° 1 ou rue de Paris, à l'angle de la ruelle Trousse-Vache, se dirige vers l'est pour atteindre le chemin des Granges, est mitoyen avec la commune de Deuil sur tout son parcours et passe ensuite complètement sur le territoire de cette commune après avoir reçu le chemin de Bellevue ou de la Sablonnière n° 62, en laissant à gauche, à l'angle des deux chemins, la parcelle n° 880 de la section D.	Demi-largeur.
Commence à la ruelle Pampelume, entre les parcelles n°s 1651 et 1634 de la section C, se dirige vers le nord et se termine à la sente de Pampelume, entre les parcelles n°s 1635 et 1636 de la même section.	
Commence à la ruelle de Pampelume, entre les parcelles n°s 1656 et 1659 de la section C, se dirige vers le nord et se termine à la sente de Pampelume, entre les parcelles n°s 1641 et 1662 de la même section.	
Commence au chemin vicinal ordinaire n° 2, des Matouzines ou de Montmorency à La Barre, entre les parcelles n°s 51 bis et 188 de la section E, se dirige vers l'ouest et se termine au chemin vicinal ordinaire n° 4 ou rue de Paris, entre les parcelles n° 92 P, et la section E. DÉTAILS : À l'origine et sur 108 mètres de longueur à la suite. 34 mètres plus loin. 35 mètres plus loin. 14 mètres plus loin, entre clôtures. 27 mètres plus loin, avec clôtures. À l'extrémité, 14 mètres plus loin. Total des longueurs : 232 mètres.	

N^{os} D'ORDRE	NOM sous lequel le chemin est communément désigné.	LONGUEUR en mètres sur le territoire de la Commune.	LARGEUR moyenne actuelle en mètres de chaque section du chemin.
I	2	3	4
67	Ruelle du Pommeret.	360	3.00 2.50 2.50 3.00 2.50 2.50
68	Sentier du Bas-Pommeret.	487	2.80 2.50 2.50 1.50 1.50 2.00 1.00 1.00
69	Sentier des Alouettes.	110	1.00

DÉSIGNATION du point où il commence, du lieu vers lequel il tend, des lieux qu'il traverse, tels que hameaux, ruisseaux guéables, ponts, etc., et du lieu où il se termine.	OBSERVATIONS
5	6
Commence à la rue du Pommeret, chemin de grande communication n° 15, entre les parcelles n°s 236 et 237 de la section E, se dirige vers le midi, coupe le sentier du Bas-Pommeret, reçoit celui des Alouettes, remonte ensuite vers le sud-est pour reprendre presque aussitôt sa direction primitive et se terminer à la ruelle des Alouettes, n° 73, entre les parcelles n°s 435 de la section E. DÉTAILS : A l'origine et sur 180 mètres de longueur à la suite. 20 mètres plus loin. 40 mètres plus loin. 20 mètres plus loin. 30 mètres plus loin. A l'extrémité, c'est-à-dire 70 mètres plus loin. Total des longueurs : 360 mètres.	
Commence à la ruelle des Alouettes, n° 73, entre les parcelles n°s 395 et 396 de la section E, se dirige vers le nord-nord-est, puis à 183 mètres de son origine s'incline vers l'est, croise le précédent, se relève légèrement vers le nord-est en faisant plusieurs sinuosités et se termine au chemin vicinal ordinaire n° 2, de Montmorency à la Barre ou des Matouzines, entre les parcelles 323 et 324 de la section E, après avoir repris la direction de l'est. DÉTAILS : A l'origine, entre clôtures. 34 mètres plus loin, entre clôtures. 26 mètres plus loin, entre clôtures. Sur 40 mètres de longueur à la suite. Sur 70 mètres de longueur à la suite. 10 mètres plus loin. 3 mètres plus loin, en tournant. Sur le surplus du parcours, soit sur 304 mètres. Total des longueurs : 487 mètres.	
Commence au 2° coude de la ruelle des Alouettes, n° 73, entre les parcelles n°s 398 et 433 de la section E, se dirige vers le nord-est et se termine à la ruelle du Pommeret, n° 67, entre les parcelles n°s 411 et 415 de la section E.	

Nos D'ORDRE	NOM sous lequel le chemin est communément désigné.	LONGUEUR en mètres sur le territoire de la Commune.	LARGEUR moyenne actuelle en mètres de chaque section du chemin.
t	2	3	4
70	Sente des Coutures, traversière des Alouettes.	444	1.00 2.00 2.50 2.50
71	Petite sente des Alouettes.	120	1.00
72	Ruelle des Coutures.	265	2.00
73	Ruelle des Alouettes.	455	Voir page suivante.

DÉSIGNATION du point où il commence, du lieu vers lequel il tend, des lieux qu'il traverse, tels que hameaux, ruisseaux guéables, ponts, etc., et du lieu où il se termine. 5	OBSERVATIONS 6
Commence au chemin vicinal ordinaire n° 2 de Montmorency à la Barre, tend vers l'ouest, puis se retourne d'équerre pour se diriger vers le sud, laisse à gauche la petite sente des Alouettes, prend la direction du sud-ouest, franchit le ru des Coutures et la ruelle des Alouettes, n° 73, qui le longe et se termine au chemin de grande communication n° 72, entre les parcelles n°s 696 et 698 de la section E. DÉTAILS : Sur 409 mètres de longueur, à partir de l'origine. 1 mètre plus loin. 20 mètres plus loin. 14 mètres plus loin, extrémité du chemin. Total des longueurs : 444 mètres.	
Commence au précédent, entre les parcelles n°s 506 et 507 de la section E, se dirige vers le sud-est et aboutit au chemin vicinal ordinaire n° 2, de Montmorency à La Barre, entre les parcelles n°s 502 et 512 de la même section, sensiblement en face le débouché du chemin des Mortefontaines, allant à Deuil.	
Commence au chemin vicinal ordinaire n° 2, entre la parcelle n° 515 de la section E, et le territoire de Deuil, tend vers le sud-ouest, franchit le ru des Coutures et se termine au chemin de grande communication n° 72, entre la parcelle n° 643 de la section E et le territoire de Deuil. Cette voie est mitoyenne avec la commune de Deuil sur toute sa longueur.	Demi-largeur.
Commence au chemin de grande communication n° 15, ou rue de Paris, entre les parcelles n°s 393 et 781 de la section E, se dirige vers le sud-est, donne naissance à gauche, au sentier du Bas-Pommeret, présente ensuite deux retours d'équerre très rapprochés, laisse à gauche le sentier des Alouettes et la ruelle du Pommeret, traverse la sente des Coutures, traversière des Alouettes, n° 70, puis coupe la ruelle des Coutures n° 72, entre les parcelles n°s 538 et 663 de la section E, pour passer entièrement sur le territoire de la commune de Deuil.	

N° D'ORDRE	NOM sous lequel le chemin est communément désigné.	LONGUEUR en mètres sur le territoire de la Commune.	LARGEUR moyenne actuelle en mètres de chaque section du chemin.
1	2	3	4
73	**Ruelle des Alouettes.** *(Suite).*	455	2.50 2.60 3.00 3.00 2.50 1.00
74	**Ruelle des Hauts-Chesneaux.**	605	2.50 2.60 2.50 2.00 2.00 2.00
75	**Sentier du Bas-Trouet.**	225	1.00 2.50
76	**Sentier des Hauts-Chesneaux.**	166	1.00

DÉSIGNATION du point où il commence, du lieu vers lequel il tend, des lieux qu'il traverse, tels que hameaux, ruisseaux guéables, ponts, etc., et du lieu où il se termine. 5	OBSERVATIONS 6
DÉTAILS : Sur 46 mètres de longueur, à partir de l'origine. 39 mètres plus loin. 57 mètres plus loin. 88 mètres plus loin. 2 mètres 50 plus loin. 222 mètres 50 plus loin, extrémité du chemin. Total des longueurs : 455 mètres.	
Commence au chemin vicinal ordinaire n° 10 des Chesneaux, entre les parcelles n°s 254 et 302 de la section F, se dirige vers l'ouest, puis à 45 mètres de son origine s'incline vers le sud-sud-ouest, reçoit à droite le sentier du Bas-Trouet, n° 75, fait coude pour prendre la direction de l'ouest, puis un autre pour reprendre sa direction primitive, reçoit les sentiers des Hauts-Chesneaux et des Bas-Chesneaux et se termine à la rue des Loges, entre les parcelles n°s 434 et 617 de la section F. **DÉTAILS :** A l'origine, entre murs. 45 mètres plus loin, entre clôtures. 180 mètres plus loin, entre clôtures. 55 mètres plus loin, entre clôtures. 296 mètres plus loin, entre clôtures. A l'extrémité, 29 mètres plus loin. Total des longueurs : 605 mètres.	
Commence au chemin de la Caille, n° 81, entre les parcelles n°s 710 et 711 de la section F, se dirige vers l'est, reçoit à droite le sentier des Hauts-Chesneaux, n° 76, puis traverse celui du Haut-Trouet n° 78 et se termine à la ruelle des Hauts-Chesneaux, n° 74, entre les parcelles n°s 301 et 323 de la section F. **DÉTAILS :** Sur 213 mètres, à partir de l'origine. 12 mètres plus loin, extrémité du sentier. Total des longueurs : 225 mètres.	
Commence à la ruelle des Hauts-Chesneaux n° 74, entre les parcelles n°s 318 et 652 de la section F, se dirige vers le nord-ouest, fait retour d'équerre pour prendre la direction du nord-est et aboutit au sentier du Bas-Trouet, n° 75, entre les parcelles n°s 324 et 710 de la section F.	

N^{os} D'ORDRE	NOM sous lequel le chemin est communément désigné.	LONGUEUR en mètres sur le territoire de la Commune.	LARGEUR moyenne actuelle en mètres de chaque section du chemin.
1	2	3	4
77	Sentier de Pigal.	250	2.50 1.50 1.00 1.00
78	Sentier du Haut-Trouet.	234	1.00
79	Chemin de la Fisée.	185	3.00
80	Chemin Vert de la Pointe-Raquet.	190	2.00
81	Chemin de la Caille.	624	Voir page suivante.

DÉSIGNATION du point où il commence, du lieu vers lequel il tend, des lieux qu'il traverse, tels que hameaux, ruisseaux guéables, ponts, etc., et du lieu où il se termine. 5	OBSERVATIONS 6
Commence au chemin vicinal ordinaire n° 10, des Chesneaux, entre les parcelles n°s 248 et 789, de la section F, se dirige vers le nord-ouest, coupe le sentier du Haut-Trouet, n° 78, et se termine au chemin de la Caille, n° 81, entre les parcelles n°s 758 et 759, de la section F. DÉTAILS : À l'origine et sur 8 mètres de longueur. Sur 79 mètres de longueur à la suite. 3 mètres plus loin. Sur 160 mètres de longueur à la suite, extrémité du chemin. Total des longueurs : 250 mètres.	
Commence au chemin de la Fosse-aux-Moines, n° 82, entre les parcelles n°s 773 et 774 de la section F, se dirige vers le sud-sud-ouest, coupe le sentier de Pigal, n° 77 et se termine au sentier du Bas-Trouet, entre les parcelles n°s 296 et 724 de la section F, après avoir séparé les lieux dits : le *Haut-Trouet* et le *Bas-Trouet*.	
Commence au chemin vicinal ordinaire n° 10, des Chesneaux, dans la parcelle n° 84 de la section F, se dirige vers l'est en longeant la propriété de M. de Saint-Paul, et se termine à la rue de Saint-Denis ou chemin vicinal ordinaire n° 4, entre les parcelles n°s 185 et 193 de la même section.	
Commence à la rue des Loges, entre la parcelle n° 552 de la section F et le territoire de Soisy, se dirige vers le midi et se termine au chemin de grande communication n° 72, entre la parcelle n° 528 de la même section et le territoire de Soisy. Ce chemin est mitoyen entre les deux communes sur toute sa longueur.	Demi-largeur.
Commence à la rue des Loges, entre la parcelle n° 553 de la section F et le territoire de Soisy, laisse à droite les sentiers des Bas-Chesneaux, du Bas-Trouet et de Pigal, et se termine au chemin de la	

N° D'ORDRE	NOM sous lequel le chemin est communément désigné.	LONGUEUR en mètres sur le territoire de la Commune.	LARGEUR moyenne actuelle en mètres de chaque section du chemin.
1	2	3	4
81	**Chemin de la Caille.** *(Suite).*	**624**	2.00
82	**Chemin de la Fosse-aux-Moines.**	**740**	7.00 4.50 5.00 5.00 4.00 4.00 2.50 2.75 3.00 3.00 3.00 2.00 3.50 4.00
83	**Chemin des Carrières.**	**160**	Voir page suivante.

DÉSIGNATION du point où il commence, du lieu vers lequel il tend, des lieux qu'il traverse, tels que hameaux, ruisseaux guéables, ponts, etc., et du lieu où il se termine. 5	OBSERVATIONS 6
Fosse-aux-Moines, n° 82, entre la parcelle n° 766, de la section F et le territoire de Soisy. Ce chemin, dont la direction générale est du sud-ouest au nord-est, est mitoyen avec Soisy sur toute sa longueur. Un fossé le borde sur 160 mètres de longueur.	Demi-largeur.
Commence au chemin vicinal ordinaire n° 10, des Chesneaux, entre les parcelles n°s 796 et 797 de la section F, se dirige vers l'ouest-ouest-nord, reçoit à gauche, le sentier du Haut-Trouet, puis le chemin de la Caille, n° 81, devient alors mitoyen avec Soisy sur le surplus de son parcours, donne naissance à droite à la ruelle des Basserons, n° 84, puis au sentier d'Orgeant, latéral au chemin de fer d'Enghien à Mont-morency, passe ensuite sous le pont de ce chemin de fer, donne naissance au chemin des Carrières, mitoyen avec Soisy et se continue ensuite sur le territoire de cette commune. DÉTAILS : *Première section.* Entre le chemin vicinal ordinaire n° 10 et le chemin de la Caille. Sur 41 mètres, à partir de l'origine, entre clôtures. Sur 29 mètres de longueur à la suite. 40 mètres plus loin. Sur 83 mètres de longueur à la suite. 5 mètres plus loin, entre haies. 58 mètres plus loin, menant au chemin de la Caille. *Deuxième section.* Mitoyenne avec Soisy. A l'origine, au chemin de la Caille. 70 mètres plus loin. 30 mètres plus loin. 65 mètres plus loin. 40 mètres plus loin, et non compris le talus en déblai. Sur 205 mètres de longueur à la suite. 34 mètres plus loin. 40 mètres plus loin, menant au chemin des Carrières. Total des longueurs : 740 mètres.	La première section est pourvue d'un plan d'ali-gnement approuvé qui en fixe la largeur à 7 m. Les largeurs de la 2me section sont indiquées compris le fossé, mais non compris les talus en déblai. Demi-largeur. id. id. id. id. id. id. id.
Mitoyen avec Soisy. Commence sur le chemin de la Fosse-aux-Moines, n° 82, entre la parcelle n° 888 de la section F et le territoire de Soisy, se dirige vers	

N° D'ORDRE	NOM sous lequel le chemin est communément désigné.	LONGUEUR en mètres sur le territoire de la Commune.	LARGEUR moyenne actuelle en mètres de chaque section du chemin.
1	2	3	4
83	Chemin des Carrières. *(Suite).*	160	1.50
84	Ruelle des Basserons.	247	3.50
85	Le Grand-Sentier.	341	2.00 1.00 1.00
86	Sentier d'Orgeant latéral au chemin de fer.	186	2.00 1.00 1.00

DÉSIGNATION du point où il commence, du lieu vers lequel il tend, des lieux qu'il traverse, tels que hameaux, ruisseaux guéables, ponts, etc., et du lieu où il se termine. 5	OBSERVATIONS 6
le nord-est et se termine, en ce qui concerne Montmorency, à la clôture du chemin de fer d'Enghien à Montmorency, après avoir longé le lieudit : *Orgeant.* Ce chemin débouche sous la station de Soisy.	Demi-largeur.
Commence au chemin vicinal ordinaire n° 7 des Carrières, entre les parcelles 1012 et 1013 de la section F, se dirige vers le sud-sud-ouest, donne naissance à gauche à l'impasse de la Haute-Echelle, puis à droite au Grand-Sentier, reçoit le chemin de l'Etang-Vieux ou de l'Abreuvoir, longe ensuite le ru de la Fosse-aux-Moines, et se termine au chemin de la Fosse-aux-Moines entre les parcelles n°s 805 et 806 de la section F, presque en face le débouché du chemin de la Caille.	Ce chemin est pourvu d'un plan d'alignement approuvé qui en fixe la largeur à 7 mètres.
Commence à la ruelle des Basserons, n° 84, entre les parcelles n°s 807 et 1011 de la section F, se dirige vers le nord-ouest en séparant les lieudits : *le Grand-Sentier* et *l'Epinette*, reçoit à gauche et à droite les deux parties du sentier de l'Epinette et se termine au chemin des Carrières, vicinal n° 7, après avoir fait plusieurs détours et s'être redressé vers le nord-nord-ouest. Le débouché a lieu près du pont du chemin de fer industriel. **DÉTAILS :** De l'origine à un point situé 91 mètres plus loin. 2 mètres plus loin. Sur le surplus du parcours, c'est-à-dire sur 248 mètres, Total des longueurs : 341 mètres.	
Commence au chemin de la Fosse-aux-Moines, n° 82, près du pont du chemin de fer, longe le talus de la voie ferrée, reçoit le sentier de l'Epinette, longe ensuite le chemin de fer industriel dans la direction du nord et se termine au Grand-Sentier, parcelle n° 918 de la section F. **DÉTAILS :** Sur une longueur de 40 mètres à partir de l'origine. 5 mètres plus loin. Sur 141 mètres de longueur à la suite extrémité du chemin. Total des longueurs : 186 mètres.	Non compris talus.

N° D'ORDRE	NOM sous lequel le chemin est communément désigné.	LONGUEUR en mètres sur le territoire de la Commune.	LARGEUR moyenne actuelle en mètres de chaque section du chemin.
1	2	3	4
87	Sentier de l'Épinette.	167	1.00
88	Impasse de la Haute-Echelle.	58	1.50 2.50
89	Chemin de l'Etang-Vieux ou de l'Abreuvoir.	282	3.00 3.50 5.50 1.50 2.50 2.50 4.00 4.00

DÉSIGNATION du point où il commence, du lieu vers lequel il tend, des lieux qu'il traverse, tels que hameaux, ruisseaux guéables, ponts, etc., et du lieu où il se termine. 5	OBSERVATIONS 6
Commence au chemin des Carrières vicinal ordinaire n° 7, entre les parcelles n°s 958 et 959 de la section F, se dirige vers le sud-ouest, emprunte le parcours du Grand-Sentier sur 10 mètres de longueur, puis reprend sa direction primitive pour se terminer au sentier d'Orgeant, latéral au chemin de fer, entre les parcelles n°s 850 et 856 de la section F. ### DÉTAILS : Longueur de la 1re partie entre le chemin vicinal ordinaire n° 7 et le grand sentier, 98 mètres. Longueur de la 2me partie, entre le Grand-Sentier et le sentier d'Orgeant, 69 mètres. Total des longueurs : 167 mètres.	
Commence à la ruelle des Basserons, n° 84, entre les parcelles n°s 1015 et 1040 de la section F, se dirige vers l'est-est-sud et se termine au ruisseau de la Fontaine-Basserons, entre les parcelles n°s 1021 et 1033 de la même section. ### DÉTAILS : Sur 18 mètres, à partir de l'origine. Sur 40 mètres à la suite, extrémité du chemin. Total des longueurs : 58 mètres.	
Commence à la ruelle des Basserons, n° 84, entre les parcelles n°s 805 et 1043 de la section F, longe le ru de la Fosse-aux-Moines, franchit le petit ru de la Fontaine-Basserons, à l'aide d'un aqueduc maçonné, se dirige ensuite vers l'est, longe un clos à droite, reçoit le sentier de la Haute-Echelle et se termine à la rue du Temple, près de l'Abreuvoir. ### DÉTAILS : A l'origine, compris fossé. 62 mètres plus loin, entre clôtures, compris fossé. 10 mètres plus loin, entre clôtures, compris fossé. 3 mètres plus loin. 23 mètres plus loin. 67 mètres plus loin. 10 mètres plus loin. Sur 107 mètres à la suite, extrémité du chemin. Total des longueurs : 282 mètres.	

N° D'ORDRE	NOM sous lequel le chemin est communément désigné.	LONGUEUR en mètres sur le territoire de la Commune.	LARGEUR moyenne actuelle en mètres de chaque section du chemin.
1	2	3	4
90	Sentier de la Haute-Échelle ou de Barberoux.	195	1.50 1.00 1.50 2.00
91	Sentier du Luminaire.	201	2.40 2.50 2.50 1.50 2.40 4.45
92	Sentier du Petit-Clos.	105	2.90 2.00 2.00 2.50

DÉSIGNATION du point où il commence, du lieu vers lequel il tend, des lieux qu'il traverse, tels que hameaux, ruisseaux guéables, ponts, etc., et du lieu où il se termine.	OBSERVATIONS
5	6

Commence au précédent entre les parcelles nᵒˢ 1060 et 1061 de la section F, se dirige vers le nord, fait plusieurs coudes et aboutit dans la direction de l'est au chemin vicinal nᵒ 11 des Basserons, entre les parcelles nᵒˢ 1074 et 1075 de la section F.

DÉTAILS :

A l'origine et sur 20 mètres de longueur.
Sur 80 mètres de longueur à la suite.
24 mètres plus loin.
Sur 71 mètres de longueur à la suite, extrémité du chemin.
Total des longueurs : 195 mètres.

Commence au chemin vicinal ordinaire nᵒ 7, des Carrières, entre les parcelles nᵒˢ 1135 et 1152 de la section F, se dirige vers le nord, se retourne d'équerre vers l'est pour reprendre presque aussitôt sa direction primitive et se termine au chemin vicinal ordinaire nᵒ 11 des Basserons, en face l'origine de la rue du Luminaire.

DÉTAILS :

A l'origine, entre murs.
17 mètres plus loin.
58 mètres plus loin.
5 mètres plus loin, et sur 40 mètres à la suite.
59 mètres plus loin, entre clôtures.
22 mètres plus loin, entre clôtures, extrémité du chemin.
Total des longueurs : 201 mètres.

Commence au précédent, près de sa jonction avec le chemin vicinal ordinaire nᵒ 11 des Basserons, se dirige sensiblement vers l'ouest, franchit le ruisseau de la Fontaine-Basserons et aboutit à la rue de Valmy, en face l'entrée de la propriété de Mme Salet.

DÉTAILS :

A l'origine, au sentier du Luminaire, entre murs.
20 mètres plus loin.
60 mètres plus loin.
3 mètres plus loin, et sur 22 mètres à la suite, extrémité du chemin.
Total des longueurs : 105 mètres.

Ces largeurs sont indiquées compris fossé.

Nᵒˢ D'ORDRE	NOM sous lequel le chemin est communément désigné.	LONGUEUR en mètres sur le territoire de la Commune.	LARGEUR moyenne actuelle en mètres de chaque section du chemin.
1	2	3	4
93	Sente du Try.	51	1.50 0.75
94	Chemin du Grand-Chat.	166	2.00
95	Sentier des Bas-Chesneaux.	236	1.00
96	Sentier de la Croix-Poirée.	134	1.00
97	Petite sente de la Croix-Poirée.	63	1.00
	Longueur totale.	29,090	

DÉSIGNATION du point où il commence, du lieu vers lequel il tend, des lieux qu'il traverse, tels que hameaux, ruisseaux guéables, ponts, etc. et du lieu où il se termine.	OBSERVATIONS
5	6
Commence à l'extrémité de la rue du Try, tend vers le nord, est mitoyenne avec Soisy sur une partie de sa longueur et se termine au chemin du Grand-Chat, rural n° 94, entre la parcelle n° 1364 de la section F et le territoire de Soisy.	
DÉTAILS : Sur 26 mètres de longueur, à partir de la rue du Try. Sur 25 mètres de longueur, à la suite, partie mitoyenne avec Soisy. Total des longueurs : 51 mètres.	Demi-largeur.
Commence à l'extrémité de la rue de Pontoise, en haut de la montée du Pavé Saint-Paul, tend vers le sud-ouest dans la direction des Carrières Marchand, reçoit à gauche la sente du Try, et passe ensuite entièrement sur le territoire de la commune de Soisy. Ce chemin est mitoyen avec la commune de Soisy.	Demi-largeur, non compris talus.
Commence à la ruelle des Hauts-Chesneaux, n° 74, entre les parcelles n°s 636 et 619 de la section F, se dirige vers le nord-ouest, fait coude à droite, puis à gauche pour reprendre la direction primitive du nord-ouest et se termine au chemin de la Caille, n° 81, entre les parcelles n°s 562 et 676 de la même section.	
Commence au chemin de la Fisée, n° 79, entre les parcelles n°s 99 et 192, de la section F, se dirige vers le midi et se termine en impasse, entre les parcelles n°s 130 et 166 de la même section.	
Commence au chemin vicinal ordinaire n° 4, entre les parcelles n°s 180 et 182 de la section F, se dirige vers l'ouest et se termine au chemin précédent, entre les parcelles n°s 181 et 182 de la même section.	

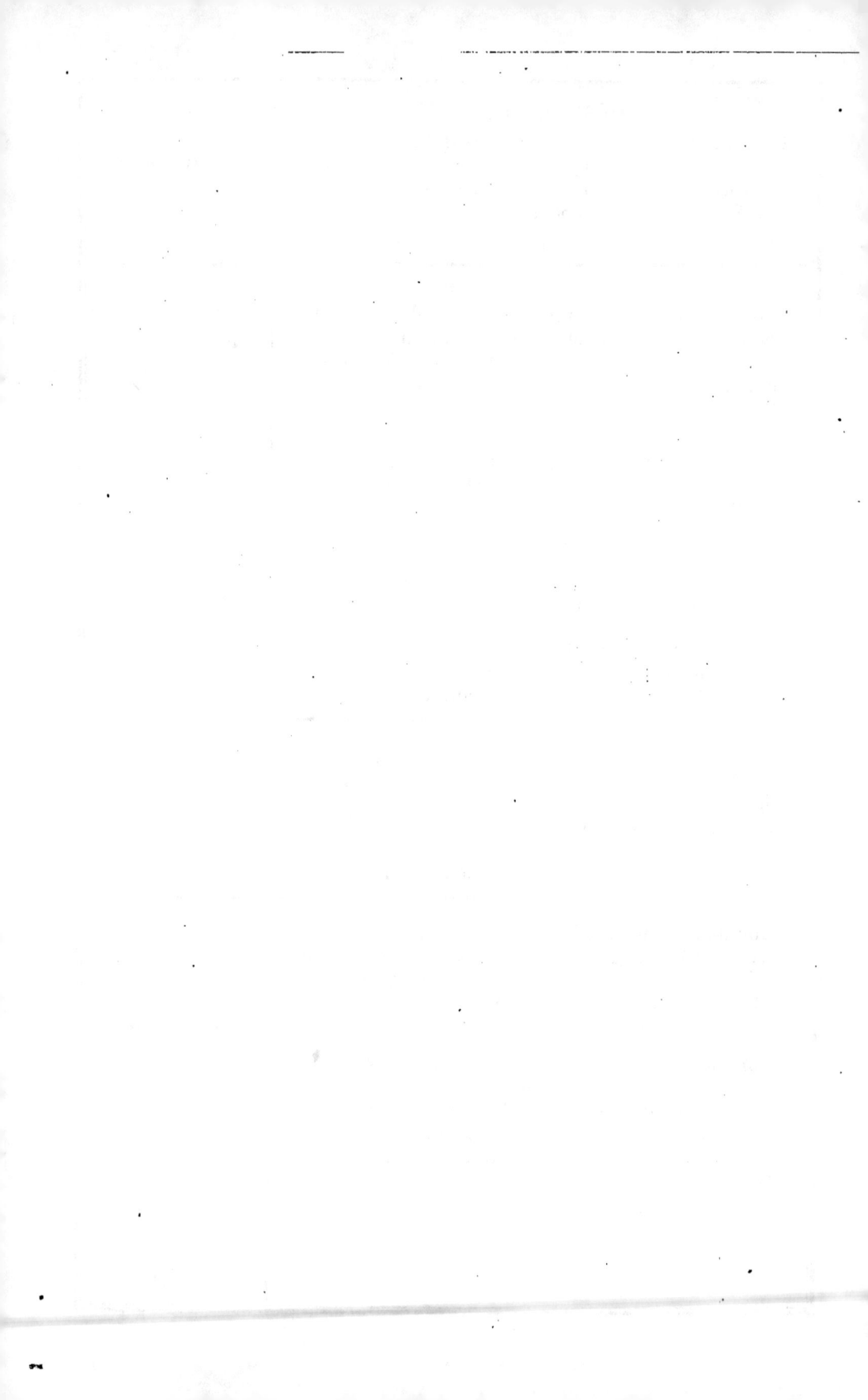

PROPOSITION DU PRÉFET

Le Préfet de Seine-et-Oise, Chevalier de la Légion d'honneur,

Vu le tableau général dressé pour la reconnaissance des chemins ruraux de la commune de Montmorency et le plan annexé au dit tableau, ensemble toutes les pièces de l'instruction à laquelle il a été procédé sur cette reconnaissance ;

Vu la loi du 20 Août 1881 et la circulaire de M. le Ministre de l'Intérieur en date du 27 du même mois ;

Considérant que deux pétitions sont annexées au registre d'enquête ;

Que l'une d'elles est étrangère à l'objet de l'enquête puisqu'elle tend à la suppression d'une partie de la ruelle dite des Hauts-Chesneaux, question dont l'étude est réservée ;

Que la seconde pétition demande également la suppression de la dite ruelle, mais en contestant de plus la propriété de cette voie à la commune au droit de l'immeuble de Mlle Rhéa ;

Considérant que l'auteur de cette dernière pétition ne justifie d'aucun pouvoir pour agir au lieu et place de Mlle Rhéa ;

Que les autres riverains, signataires de la première pétition susvisée, reconnaissent au contraire que la dite ruelle appartient bien à la commune, puisqu'ils font l'offre, en cas de suppression de celle-ci, de faire l'acquisition du terrain qui leur sera cédé au prix fixé par le Conseil municipal ;

Est d'avis qu'il y a lieu de reconnaître comme chemins ruraux de la commune de Montmorency les chemins portés au tableau susvisé sous les n°s 1 à 97.

Versailles, le 18 Mai 1896.

Le Préfet,

Signé : GENTIL.

DÉCISION DE LA COMMISSION DÉPARTEMENTALE

La Commission départementale,

Vu la proposition de M. le Préfet et les pièces du dossier;

Considérant que la proposition ci-dessus est justifiée, qu'il n'y a pas lieu de s'arrêter aux observations présentées à l'enquête et que tous les avis émis sont favorables;

Décide:

Le tableau susvisé est homologué;

En conséquence, les chemins qui y sont portés sous les nos 1 à 97 sont reconnus chemins ruraux de la commune de Montmorency, avec les largeurs indiquées à la cinquième colonne dudit tableau.

Fait en séance, en l'Hôtel de la Préfecture, à Versailles, le 18 Mai 1896.

Par délégation :

Le Secrétaire de la Commission départementale,

Signé: CORNUDET.

Pour copie conforme :

Le Conseiller de Préfecture délégué,

Signé: ILLISIBLE.

NOTIFICATION

L'an mil huit cent quatre-vingt-dix-sept, le

à la requête de M. le Maire de Montmorency ;

Je soussigné, garde champêtre

à , ai notifié, conformément à l'article 4

de la loi du 20 août 1881, à

demeurant à

en son domicile et parlant à

la copie ci-dessus de l'état de
reconnaissance des chemins ruraux existant sur le territoire de la
commune de Montmorency, ainsi que la proposition de M. le Préfet
et la décision homologative de la Commission départementale du
16 Mai 1896.

Le prévenant qu'à dater d'aujourd'hui court le délai d'une année,
pendant lequel les propriétaires riverains des chemins ruraux
reconnus pourront présenter telles observations que de droit,
suivant l'article 5 de ladite loi.

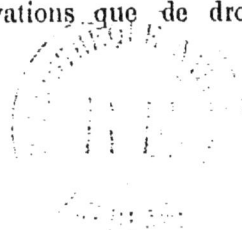

www.ingramcontent.com/pod-product-compliance
Lightning Source LLC
Chambersburg PA
CBHW030931220326
41521CB00039B/2066